图书在版编目(CIP)数据

会飞的箱子 / [丹麦]索伦·杰森文·图;林昕译. —上海:上海人民美术出版社,2008.6
(海豚绘本花园系列)
ISBN 978-7-5322-5739-3

Ⅰ.会… Ⅱ.①索… ②林… Ⅲ.童话—丹麦—现代 Ⅳ.I534.88

中国版本图书馆CIP数据核字(2008)第072226号
著作权登记号:图字17-2008-058

会飞的箱子

[丹麦]索伦·杰森 / 文·图 林 昕 / 译 责任编辑 / 周燕琼 安 宁
美术编辑 / 雷 霆 装帧设计 / 刘 霜
出版发行 / 上海人民美術出版社 经销 / 全国新华书店
印刷 / 深圳市星嘉艺纸艺有限公司
开本 / 889×1194 1/16 2.5印张
版次 / 2008年7月第1版第1次印刷
印数 / 1-5000册
书号 / ISBN 978-7-5322-5739-3
定价 / 29.00元

Gaven

Translated from Danish
Gaven, Gyldendal, 2007
Published in China by agreement with The Gyldendal Group Agency, Denmark
©Søren Jessen 2007
Simplified Chinese copyright ©2008 Dolphin Media Co., Ltd
本书中文简体字版权经丹麦GGA出版社授予海豚传媒股份有限公司,
由上海人民美术出版社独家出版发行。

策划 / 海豚传媒股份有限公司 网址 / www.dolphinmedia.cn 邮箱 / dolphinmedia@vip.163.com
海豚传媒常年法律顾问 / 湖北珞珈律师事务所 王清博士 电话 / 027-68754624

会飞的箱子

[丹麦]索伦·杰森/文·图
林 昕/译

上海人民美术出版社

这天，瑞奇的爸爸带回一只大箱子。

"我要送给你一份礼物哦。"爸爸一边说一边打开了箱子。

箱子里装的是一台漂亮的彩色电视机。爸爸忙着给电视插上插头，瑞奇却钻进箱子里玩了起来。

过了一会儿，爸爸说："电视装好了，我要出去一下，你一个人乖乖地看电视哦。"

"好的，谢谢爸爸。"瑞奇头也不回地说。

爸爸微笑着拍拍他的头，然后走出房间。

门慢慢地关上了，好像有什么奇怪的事情发生了……

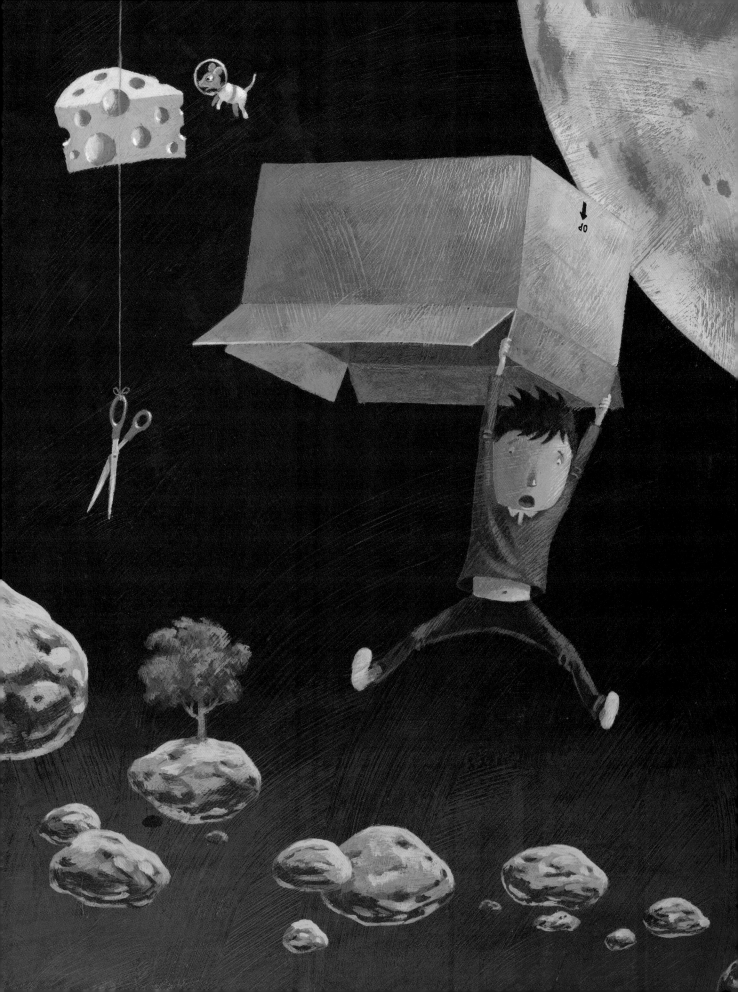

终于，瑞奇坐着箱子飞进了房间，慢慢地降落在了地板上……

……正在这时，门开了。

"怎么样？喜欢这份礼物吗？"爸爸走了进来。

"是的，爸爸！这是我收到的最好最棒的礼物了！"

"嗯，我就知道你会喜欢的。"爸爸说着，又走了出去。

门关上了，瑞奇坐在箱子里，好像在等待什么。

他在等待着奇怪的事情再次发生。

NED
↓